La libertà finanziaria

Sommario

Introduzione 5
   La scuola conta ancora? 8
   Di addio alla pensione statale 10
Capitolo I 12
   Sicurezza, libertà, ricchezza. 12
   La parabola dell'acquedotto 13
   La regola del 70/30 16
   Risparmio 18
   Beneficenza 19
Capitolo II 20
   5 regole per vincere oggi 20
   9 Regole per creare un piano 21
Capitolo III 25

La libertà finanziaria 25

La formula della libertà finanziaria: gli schemi di Kiyosaki 26

Capitolo IV...30

Il Trading (TOL)..30

Per chi è adatto? 32

Come iniziare 33

Le modalità operative 35

I Costi della piattaforma................................37

I 3 pilastri del trading di successo 38

I reparti della tua azienda di trading............41

I mercati dove investire 45

Il bilancio della tua azienda di trading 48

Il trading discrezionale 49

Capitolo V..52

Il trading automatico.....................................52

Creare un trading system (TS)......................54

Trader algoritmico 56

Trading algoritmico: Svantaggi 57

Lavorare come trader 58

Le 5 variabili che influenzano il guadagno ...59

Capitolo VI 68

Le insidie del trading 68

Evitare le trappole 69

Gestire il rischio..71

Che rendimenti aspettarsi 72

Quanto tempo ci vuole per imparare a fare trading? 73

Capitolo VII 80

Il piano per la libertà finanziaria con il trading 80

Conclusioni 83

Introduzione

Gli esperti fanno previsioni ma la parola d'ordine è preparazione. La maggioranza delle persone non ha una formazione finanziaria; l'economia globale si regge sul debito e il modo più rapido per incrementare la liquidità è pagare meno tasse.

L'atteggiamento da assumere è opposto rispetto a quello proposto dai telegiornali, il denaro non nasce nelle nostre mani ma nella nostra testa.

Tutti dicono che bisogna andare a scuola ma lì non ti insegnano niente sul denaro. Quando si parla di soldi, non esistono equità e giustizia; o sei un vincente o sei un perdente.

Vai a scuola

Trova un lavoro

Lavora sodo

Spendi meno di quello che guadagni

Metti da parte qualche risparmio

La tua casa è fonte di reddito

Liberati dai debiti

E' questo il messaggio che la società inculca nelle nostre menti fin da piccoli, ma è davvero questo il modo migliore di vivere?

La maggior parte dei ragazzi e delle ragazze giovani, vedono la propria vita come un elenco di attività da eseguire, per essere uguali agli altri; per rientrare nella "normalità". Ciò che può offrire questo tipo di percorso è la sicurezza. L'obiettivo finale, per poter dire di essere "arrivati" è l'assunzione a tempo indeterminato; percepire uno stipendio fisso ogni mese, malattia e ferie retribuite, pensione.

Il salario è calcolato sulle ore lavorative, di conseguenza più lavori e più guadagni. Il tempo è denaro.

Queste persone passano la loro vita per esempio in un ufficio, non avendo così il tempo materiale per dedicarsi ai loro hobby e sogni.

Fare parte di questa categoria è per molti la normalità, non rappresenta alcun tipo di problema; anzi, sono felici del loro lavoro, ottengono benefici e piccole comodità che per loro sono a sufficienza.

Abbiamo poi i proprietari d'impresa che sono persone solite domandarsi chi possono pagare per lavorare nella loro azienda. Il loro obiettivo è di far crescere di livello tutte le persone che li circondano (i dipendenti), in modo tale da creare una struttura lavorativa talmente organizzata da non rendere più necessario il loro intervento in prima persona. Se riescono a raggiungere il loro scopo, diventano finanziariamente liberi; l'organismo aziendale lavora al loro posto e ne ricavano i guadagni facendo poco o niente. Questa è però una situazione molto rara.

Di solito il proprietario dell'impresa si comporta come un normale dipendente, ha problemi a delegare e si ritrova a svolgere una quantità di lavoro disumana. Ha più compiti da svolgere rispetto alle persone che lavorano per lui.

Parliamo per ultimo di quei soggetti che guadagnano soldi grazie ad altri soldi, attraverso le leggi del mercato. Questa figura professionale si chiama investitore. Ne esistono di diverse tipologie e ci sono anche disparati modi per entrare a far parte di questa categoria. Ogni persona è unica ed è portata per cose diverse. Per esempio ci sono quelli brasi a giocare in borsa, quelli bravi a scovare affari immobiliari ecc…

La scuola conta ancora?

La scuola è molto importante, forma le generazioni future ma potrebbe essere migliorata.

Non aiuta a comprendere le nuove regole dell'economia e del lavoro; promuove invece le "vecchie regole". Forma per essere dipendenti; l'idea è questa: "Studia, prendi buoni voti, e verrai assunto da un'azienda". Nel mondo di oggi vince invece chi è creativo e pensa con la propria testa andando controcorrente.

I ragazzi vivono con la paura di prendere un brutto voto, i genitori e professori lo vedono come una tragedia, lo studente di conseguenza cresce con il terrore di sbagliare ed essere giudicato. Il momento dell'interrogazione o della verifica dovrebbe essere il più bello, un'occasione di confronto e crescita, in cui si può mostrare veramente ciò che si è appreso ed esprimere le proprie idee a riguardo.

Gli errori sono ottimi insegnanti; sbagliando si impara! Ovviamente errare è umano, perseverare è diabolico. Bisogna riuscire ad imparare la lezione.

Andare a scuola dovrebbe essere stimolante, invece le lezioni sono di una noia mortale, gli studenti attendono solo il suono della campanella.

Bisognerebbe usare tecniche di apprendimento innovative e divertenti, come ad esempio far lavorare i ragazzi in team mettendoli alla prova con il problem solving; ma purtroppo sono ancora troppo pochi i professori che utilizzano questi metodi.

La scuola conta ancora qualcosa? La risposta è forse si, se l'obiettivo è imparare a leggere, scrivere, fare calcoli, conoscere le basi della storia e della geografia; ma nell'ottica del business la risposta è no. Non è determinante per il raggiungimento del successo lavorativo ed economico, lo dimostrano per esempio ragazzini che diventano ricchi pubblicando video su YouTube, avendo abbandonato il loro percorso di studi.

Di addio alla pensione statale

L'istituto nazionale di previdenza sociale (INPS) è allo sbando per via di come sono cambiate le regole dell'economia. Se oggi hai meno di 30-35 anni non riceverai mai una pensione dallo Stato.

Ben presto i soldi per pagarle non ci saranno più perché ci sono sempre meno posti fissi e sempre meno persone stanno versando i contributi.

Questo governo va verso l'abolizione dei diritti individuali, rendendo le persone più povere e meno libere.

Capitolo I

Sicurezza, libertà, ricchezza.

Un imprenditore della nuova economia crea sistemi che possano svolgere il suo lavoro in modo del tutto automatico 24 ore su 24, e gli permettano di guadagnare anche mentre dorme.

Parlando di sicurezza economica facciamo riferimento alla certezza di ricevere entrate finanziare qualunque cosa accada, ma in realtà è tutta un'illusione. La vera sicurezza, la troverai solo dentro te stesso; viene dal carattere d'acciaio e dalla fiducia nelle tue capacità.

Il primo passo per diventare un imprenditore evoluto è cambiare il modo di pensare.

La parabola dell'acquedotto

La vicenda avviene in un villaggio, in cui abitano poche persone, che hanno tutte un pensiero comune che le tormenta, in merito a un grande problema: la siccità.

A due abitanti, Marco e Luca, viene un'idea: comprare due secchi, raggiungere un fiume che si trova nelle vicinanze, e portare ogni giorno, in questo modo, acqua al villaggio. È un lavoro fisicamente molto faticoso ma remunerativo. I due amici a metà giornata vendono l'acqua raccolta ai loro compaesani guadagnandoci 100 € a testa.

Dopo qualche giorno a Marco inizia a dolere la schiena, è stanco, e non è contento di questo lavoro; crede che quello che guadagna non è abbastanza in proporzione alla fatica che fa.

Un giorno gli viene un'illuminazione: Costruirà un acquedotto. Mette da parte l'attività di trasporto dei secchi d'acqua e spende tutto quello che ha guadagnato per cimentarsi nel suo nuovo progetto.

Luca, nel frattempo, continua il suo lavoro arricchendosi sempre di più; è apprezzato e stimato da tutti. Marco invece, viene considerato uno stupido: il suo amico si sta arricchendo e le persone del villaggio non capiscono perché lui invece abbia abbandonato il lavoro.

Dopo qualche anno, le cose non vanno più a gonfie vele per Luca; si sente stanco per via del lavoro che l'ha distrutto. Ogni giorno che passa trasporta sempre meno secchi, e di conseguenza guadagna sempre meno. Nel frattempo Marco ha completato il suo progetto; l'acquedotto è pronto.

L'acqua ora fluisce in maniera autonomia dal fiume al villaggio, indipendentemente da ciò che fa Marco (il creatore).

Luca cade in disgrazia; Marco però non si è dimenticato del suo amico.

Gli propone di insegnarli a costruire un acquedotto e di entrare in affari con lui. Il piano, è quello di andare nei villaggi vicini ad insegnare la costruzione in cambio di soldi. In seguito quelli che sono stati formati per creare l'acquedotto diffonderanno la loro conoscenza ad altre persone.

Luca e Marco prenderanno una percentuale su ogni nuovo acquedotto costruito.

Alla fine della storia, c'è un lieto fine; sia Luca che Marco guadagnano senza fare nulla, e il problema della siccità è stato debellato.

Questo racconto ci fa capire cosa s'intende davvero per "libertà finanziaria".

Trovare un metodo che ti consenta di generare valore indipendentemente dal tempo che ci dedichi; insegnalo e forma qualcuno, sarà più remunerativo di un lavoro normale. Creare una "catena di valore" che porti benefici a tutti, soprattutto al creatore della stessa è una delle tecniche migliori. Tutti saranno più felici, e il lavoro più semplice.

Ecco i benefici che danno le attività che conducono alla libertà finanziaria:

- Provocano fatica solo all'inizio del processo, poi diventano più semplici

- Non hanno limiti di guadagno

- La fonte di profitto non diventa obsoleta. Quando la "soluzione" diventa tecnologicamente superata, si riinizia tutto il processo; trovando una nuova soluzione ad un nuovo problema, e così via.

Ci sono però dei pregiudizi da smentire; il più comune è che quando decidi di avventurarti in qualcosa di nuovo "sai quello che ti lasci alle spalle, ma non sai quello che troverai". L'ignoto può far paura, ma a volte buttarsi è la scelta migliore in assoluto.

La storia dell'acquedotto ne è la dimostrazione.

La regola del 70/30

È possibile raggiungere la libertà finanziaria utilizzando il 70 % del proprio reddito?

Iniziamo considerando che, quando acquistiamo un bene, paghiamo un prezzo che comprende anche l'IVA (imposta sul valore aggiunto). Rappresenta una tassa che tutti paghiamo per forza.

Sono diverse le tasse da pagare, e che vanno a diminuire i nostri risparmi. Una volta saldate tutte, ci resta un reddito netto pari al 70% che dobbiamo gestire ed usare per vivere e sostenere le spese di "ordinaria amministrazione" che ogni essere umano ha mensilmente. Bisogna adeguare il proprio stile di vita alle entrate che si percepiscono; e non fare "il passo più lungo della gamba" o si andrà incontro a una decaduta finanziaria.

Per mantenere l'indipendenza finanziaria è quindi necessario fare molta attenzione con le uscite; non devono mai superare le entrate e bisogna mantenere un margine di sicurezza per evitare di andare incontro a situazioni non piacevoli.

Il 30% che rimane dei guadagni va utilizzato per custodire la libertà finanziaria; un terzo viene usato per investire nei capitali, un terzo per il risparmio e l'ultimo terzo per la beneficenza.

Risparmio

Una quota del 10% delle tue entrate è da indirizzare al risparmio.
Questo accantonamento può donarti serenità mentale; metti da parte una quota di soldi in caso di emergenze o da investire per nuovi progetti. Se hai paura di non riuscire a conservare questa somma, puoi aderire ad un piano d'investimento; in futuro potrai disporre del tuo versamento, maggiorato da un tasso di interesse.
Un'altra opzione è gestire autonomamente il risparmio, depositando la quota sul tuo conto corrente bancario senza spenderla.

Beneficenza

Il 10% rimanente dovrebbe essere destinato a opere di beneficenza; hai così il modo di restituire alla società parte di cioè che hai guadagnato. È un ottimo modo per fare opere benevole e gestire al meglio e in modo intelligente la libertà finanziaria che si è raggiunta.

Capitolo II

5 regole per vincere oggi

1- **Diversificati.**
Oggi per avere successo nell'economia devi fare il contrario di quello che fa la massa, devi diversificarti, emergere e distinguerti.
2- **Ama ciò che fai.**
3- **Non lavorare solo per i soldi.**
4- **Non dare un valore al tempo.**
5- **Sviluppa un carattere d'acciaio**.
Devi essere abbastanza forte da poter superare tutte le sfide che ti trovi di fronte.

Oltre alle 5 regole ti serve anche un piano operativo, un progetto chiaro e definito che ti porti a raggiungere i tuoi obiettivi.

9 Regole per creare un piano

Per creare un piano operativo ideale, devi seguire le seguenti regole:

- È importante avere almeno una forte ragione che ti motiva ogni giorno a impegnarti per raggiungere la tua libertà finanziaria. Se questa manca, non riuscirai a trovare la spinta per cambiare le tue cattive abitudini e raggiungere i tuoi obiettivi.

- Scegli delle persone che hanno fatto un'ottima carriera in abito finanziario da cui prendere esempio. Seguire le orme dei migliori è il primo passo per arrivare a raggiungere risultati eccellenti. Se loro ce l'hanno fatta, puoi farcela anche tu.

- Devi essere sempre concentrato sulla tua libertà finanziaria; scegli ogni giorno di essere libero. Questo non è semplice; è molto più facile seguire un comportamento economico da dipendente.

- Scegli attentamente le persone che ti circondano. Gli amici e i parenti sono un elemento che va ad influenzare notevolmente i nostri comportamenti. Se non perseguono i tuoi stessi obiettivi di indipendenza finanziaria, non lasciare che limitino i tuoi sogni e traguardi. L'ideale è trovare persone che condividono il tuo pensiero.

- Trova i migliori consulenti; è una spesa necessaria. Individuarne di economici è semplice, ma ricorda che quello che paghi è proporzionali al servizio che ricevi. Non commettere l'errore di sottovalutare questo fattore; risparmia su altre cose.

- Quando fai un investimento prova ad ottenere sempre un regalo; qualcosa in più di quanto ti viene proposto.

- Ad essere ricco s'impara con l'esperienza. Fai tua una formula e poi passa a quella dopo.

Ottenere profitti è un po' come cucinare; hai la ricetta e gli ingredienti necessari per prepararla. All'inizio sarà dura, il piatto non verrà bene; ma col tempo diventerai bravissimo, fino ad apprendere la ricetta al 100%. A quel punto potrai passare a quella seguente, e così via.

- Stai attendo agli acquisti. Non comprare cose a credito. Per cose intendo tutti quei beni che ti appagano momentaneamente a livello emotivo, ma che portano solo ad un abbassamento del cashflow.

- Paga te stesso prima di tutti. Con questa frase intendo dire che devi pagare il tuo "stipendio" prima delle tasse, dell'iva e dei fornitori. Determina per ogni entrata quale percentuale ti spetta; per esempio il 30%, e mettila da parte in un conto deposito. Questo ti insegna a gestire al meglio le tue entrate e a mantenere un certo rigore.

Potranno esserci momenti in cui avrai bisogno di tutto il denaro che entra per poter proseguire con la tua attività; in questi casi avrai difficoltà a pagare te stesso. Anche queste situazioni serviranno come esperienza per rafforzare il tuo carattere.

Capitolo III

La libertà finanziaria

E' una condizione economica in cui percepisci redditi indipendentemente dalla tua attività lavorativa e in quantità sufficiente a soddisfare lo stile di vita che desideri. Che tu lavori o non lavori hai comunque delle entrate finanziarie. Sei libero di fare quello che vuoi nella tua vita, puoi viaggiare o stare a casa, poco importa, avrai comunque entrate. Si tratta in primis di una libertà personale oltre che economica.

Per ottenere ciò, devi diventare un imprenditore, ma non uno di quelli vecchio stampo. Devi essere una persona creativa, dinamica che spesso lavora da casa sfruttando la potenza della tecnologia; aperta alla condivisione e in grado di creare un team di persone valide a cui riservare riconoscimenti e gratitudine. La cosa fondamentale è capire che puoi automatizzare i processi lavorativi producendo un ottimo risultato senza la tua presenza fisica. Quello che si fa è svincolare dal legame tempo-denaro.

La formula della libertà finanziaria: gli schemi di Kiyosaki

All'intero degli schemi finanziari di Kiyosaki; un famoso imprenditore, scrittore e affarista statunitense, ci sono solo quattro termini:

1- Entrate: un flusso di denaro che entra nel tuo bilancio personale.

2- Uscite: un flusso di denaro che esce dal tuo bilancio personale.

3- Attivi: un qualcosa che produce un'entrata.

4- Passivi: un qualcosa che produce un'uscita.

Ecco i vari schemi:

1-Lo schema finanziario della classe povera.

In questo schema, vengono prodotte entrate tramite il lavoro, ma queste non sono abbastanza per soddisfare tutti i bisogni secondari, in quanto di basso importo, e spesso sufficienti a pagare solo spese di prima necessita, come ad esempio le bollette. Perciò il denaro che entra esce immediatamente. Questo metodo porta ad accontentarsi di qualsiasi lavoro, purché faccia guadagnare quanto basta per sopravvivere.

2- Lo schema finanziario della classe media.

Coloro che fanno parte della classe media, hanno un lavoro che permette di avere entrate maggiori e possono permettersi dei passivi, come ad esempio il mutuo o le rate della macchina, cioè uscite di denaro ricorrenti. Perciò si è ancora più dipendenti dal proprio lavoro perché in caso questo venisse a mancare non si avrebbero soltanto spese che si potrebbero ridurre volontariamente come per esempio comprando prodotti di marca inferiore, ma ci sarebbero anche delle uscite costanti.

3- Lo schema della libertà finanziaria.

In questo caso si utilizzano in modo più consapevole le entrate; ci saranno comunque delle spese ma si tenderà a destinare una parte del reddito agli attivi che sono investimenti, attività finanziare, partecipazioni in imprese o qualunque cosa che produca un'entrata finanziaria diversa dal lavoro e che sia ricorrente, non rientrando nel solito orario lavorativo.

Gli attivi sono tutto ciò che arriva in modo passivo ed automatico senza che ci sia un impegno attivo. Possedere attivi può portare alla libertà finanziaria perché quelle entrate extra, se si sarà finanziariamente sapienti, non si spenderanno in cose futili, ma almeno in parte verranno reinvestite per creare attivi più grandi che genereranno entrate extra maggiori. Si darà vita a un circolo vizioso fino ad arrivare al punto in cui le entrate extra supereranno il reddito da lavoro.

In questo modo si potrà decidere di fare a meno del lavoro e se il reddito passivo diventasse maggiore delle uscite allora si potrà dire di aver raggiunto la libertà finanziaria.

Non sarà obbligatorio lasciare il proprio lavoro, ma si potrà cambiarlo facendo quello che si preferisce ed è proprio questo che si intende per libertà, avere la possibilità di scelta e non essere vincolati; l'importante è non arrivare a dipendere esclusivamente dal lavoro.

Capitolo IV

Il Trading (TOL)

Il trading online è un modo d'investimento che può essere fatto anche da casa, basta avere un computer e una connessione ad internet; consente di ottenere l'indipendenza finanziaria facendo acquisti e vendite di titoli finanziari in borsa.

Si agisce tramite un software chiamato "piattaforma di trading", distribuita da società finanziare di broker online.

Quello che i broker fanno è avviare una compravendita di titoli in nome e per conto dei loro clienti, chiedendo in cambio come compenso una commissione per ogni operazione che portano a compimento.

Per svolgere questo tipo di lavoro è obbligatorio studiare e praticare molto, questo perché si tratta di un mercato molto difficile; è un attimo commettere un errore e fallire.

Si apre un account presso un broker per iniziare l'attività.

Non è una tipologia di lavoro che tutti possono fare, va bene per pochissime persone, bisogna essere molto bravi nel gestire l'emotività e lo stress che questo mestiere provoca costantemente. L'aspetto psicologico è importantissimo; il grado di operatività non è determinato in termini assoluti ma dipende dal carattere e dalla personalità del soggetto. Per esempio per alcune persone può essere ottimale lavorare poco, e in una prospettiva di tempo ampia; per altre lavorare molto in un periodo di tempo più breve.

È una questione molto personale, è un ambito in cui non si può generalizzare e dettare una regola fissa.

Per chi è adatto?

Il trading online è per quelle persone che voglio raggiungere un'indipendenza finanziaria investendo il loro denaro da soli.

Per raggiungere un vero vantaggio con il trading online (TOL), bisogna darsi molto da fare; resistere alle forti tensione, che causa il mercato, studiare e restare sempre aggiornati per avere un piano d'azione ben progettato.

La instabilità dei mercati finanziari, mette in difficoltà la salute mentale del trader; siamo in un mercato molto difficile e imprevedibile. Bisogna essere in grado in mantenere il controllo e di modificare l'operatività in base alle modifiche del mercato.

Un carattere d'acciaio è l'unica soluzione per non affondare in questa fossa di leoni. Se non si riesce a gestire l'emotività, anche dopo diversi tentativi, è forse il caso di cambiare professione prima di ritrovarsi con un buco finanziario notevole.

Come iniziare

Per prima cosa si crea un account da un broker online, si scarica la piattaforma e si impara ad utilizzarla; a quel punto inizia la parte difficile. Si deve pianificare una strategia d'azione, composta da traguardi, e tempistiche per raggiungerli.

La strategia non è però statica, ogni tot di tempo è da aggiornare e essere migliorata; modificata in base ai cambiamenti del mercato finanziario e alle varie evoluzioni personali.

Col tempo ci si può adeguare in base a quella che si capisce essere la strada migliore per se stessi; per esempio si può passare da un'ottica di lungo periodo a una di breve periodo, e viceversa. Una volta scelta la nuova strada bisogna metterla in pratica in modo efficiente per iniziare a creare profitto.

Esistono trader che passano la giornata attaccati a uno schermo del computer, o al telefono, ma per agire in modo produttivo forse non è la strategia migliore da seguire. L'attività lavorativa di un trader dovrebbe essere composta dalle seguenti parti:

- un arco di tempo per la determinazione della strategia d'azione il piano di lavoro

- un arco di tempo per l'analisi di mercato e il feedback dei contenuti

- la compravendita di titoli finanziari

Queste cose insieme allo studio del mercato portano a un miglioramento dell'attività con profitti sempre migliori e cospicui. L'obiettivo fisso rimane trovare sempre la strategia migliore per il tuo stile di lavoro.

Le modalità operative

Per approfondire i sistemi di fare trading online, andiamo ora ad individuare tre modi di agire dell'investitore, in base all'arco temporale che decide di rispettare:

- **Scalping:** L'entrata e l'uscita dal mercato più volte nell'arco della stessa giornata con titoli azionari. Ogni singola operazione ha la durata di pochi minuti. Lo scalper usa in modo continuo il book.

- **Il day trading:** Lavorare in un arco temporale giornaliero.

Ciò che fa il day trainer è acquistare quel giorno, un'azione che stava seguendo da diverso tempo; perché attraverso le sue analisi è giunto alla conclusione che quel determinato giorno ci sarà la sua performance ottimale. Non può farsi scappare questa occasione.

-Abbiamo poi gli **open trader**, sono quei soggetti che entrano nel mercato in modo puramente casuale, oppure dopo la fuga di notizie su qualche dato in particolare.

-Per ultimi parliamo degli **investitori long**. Sono coloro che aprono attività long; sono convinti grazie a una serie di dati raccolti, che un determinato titolo, possa aumentare in uno spazio temporale medio lungo.

I Costi della piattaforma

I costi sono diversi a secondo dell'affidabilità, il funzionamento e i servizi messi a disposizioni dalla piattaforma scelta.

Ma qual è la piattaforma migliore?

Dipende molto da cosa vuoi fare e come; chiaro che i trader professionisti usano piattaforme all'avanguardia; aggiornatissime e super raccomandabili; se sei un principiante, puoi iniziare con qualcosa di più semplice.

Grazie alla piattaforma abbiamo sempre sotto controllo il nostro saldo bancario aggiornato, e assoluta possibilità di agire sui mercati finanziari con un semplice click del mouse.

Normalmente si paga un canone fisso mensile. Ad esempio se si completano 20 operazioni di acquisto e vendita nell'arco di tempo di un mese la piattaforma sarà gratuita. Altre avranno prezzi più o meno bassi a seconda dei servizi forniti.

I 3 pilastri del trading di successo

I 3 pilastri del trading di successo sono gli strumenti necessari per far funzionare al meglio l'attività. Vediamo quali sono:

1- **Analisi dei mercati:** È importante apprendere fin da subito come fare una corretta analisi del mercato; se saprai leggere e interpretare un grafico della variazione dei prezzi nel mercato finanziario sarai già a buon punto. Lo studio di questi fattori ha come scopo quello di farci comprendere la situazione economica odierna sul mercato e come potrà andare a modificarsi e svilupparsi in futuro.

Ci permette anche di individuare quando entrare nel mercato e quando uscirne; dandoci più possibilità di ottenere un profitto e non una perdita devastante.

2- **Money & Risk Management:** È fondamentale preservare il capitale, e di conseguenza gestire e individuare nel migliore dei modi il rischio.

L'obiettivo del money e risk management è minimizzare le perdite, massimizzare i profitti e non perdere neanche un euro rispetto a quello che avevamo pianificato.

Quando apriamo una nuova operazione, corriamo sempre il pericolo che il mercato ci tiri a fondo, andando contro di noi, e di conseguenza ci faccia perdere denaro.

Con questo pilastro individuiamo il livello di rischio che è meglio rispettare e impostiamo dei valori che ci permettono di mantenere l'operazione sempre sotto controllo.

Senza questo, sopravvivere sui mercati è difficilissimo; buona parte dei trader perde tutto il suo capitale entro massimo un anno dall'inizio degli investimenti.

3- **Psicologia e Gestione dell'Emotività:** Come ultima cosa dobbiamo imparare a controllare e gestire noi stessi. Il terzo pilastro è considerato il più difficile in assoluto.

Fare trading significa essere costantemente sotto pressione; bisogna evitare di cascare nelle trappole psicologiche che la mente crea. Occorre anche lavorare interrottamente su noi stessi, per poter raggiungere un livello di calma e concentrazione tale che ci permetta di raggiungere i nostri traguardi senza troppa fatica.

Elementi caratteriali da controllare sono l'eccessiva sicurezza e l'euforia da un lato; e dall'altro ansia, paura, avidità, crisi di panico.

Nel trading ogni emozione "estrema" può creare gravi problemi, portare a scelte sbagliate e a ingenti perdite di denaro. Bisogna rimanere "concentrati", ragionevoli e lucidi. Questo è uno degli aspetti più complessi.

Se per gestire il rischio è necessario fare dei semplici calcoli matematici, e per analizzare l'andamento del mercato ci sono delle tecniche; per tenere a bada l'emotività, la questione si fa un po' complessa; non ci sono regole da seguire e non è qualcosa che puoi imparare studiando. È un percorso di crescita personale che richiede lavoro e molti sacrifici. Devi provare, sbagliare e agire. Sbagliando imparerai come gestire le varie situazioni senza andare nel panico.

Qualcuno può aiutarti, insegnandoti alcuni "trucchi", ma solo tu potrai padroneggiare su te stesso e le tue emozioni.

I reparti della tua azienda di trading

Come ogni azienda anche quelle di trading devono essere composte correttamente per arrivare al successo, e per fare ciò dovrà essere suddivisa in reparti, ognuno dei quali ricoprirà specifiche mansioni ed effettuerà determinati controlli. Ad ogni modo, nel trading, è possibile svolgere tutti i compiti necessari in maniera veloce ed efficace, e soprattutto in autonomia. L'unica cosa necessaria è un computer e una connessione in internet.

Ecco i vari reparti:

- **Reparto fornitori:** È incaricato di cercare nuovi fornitori, controllare e gestire quelli attuali, e in caso di occorrenza sostituire quelli presenti con dei nuovi; per esempio quando vede che non fanno più il loro lavoro in modo corretto.

Deve anche verificare che l'intermediario finanziario (chiamato in gergo broker), faccia il tuo interesse, che la connessione alla rete sia rapida e salda, e che il programma che utilizzi sia ottimo per poter lavorare il meglio possibile.

- **Ricerca e sviluppo:** Si occupa dello studio dei mercati e del miglioramento di nuove tecniche da utilizzate sui mercati finanziari mondiali ed è sempre alla ricerca di metodi innovativi.

- **Strategia e pianificazione:** Crea un piano di trading che sia efficace e ben strutturato a lungo andare; per fare questo procede con delle analisi in modo tale da avere ben chiara la situazione di partenza e da li darsi da fare.

- **Gestione del rischio:** Tiene sotto osservazione il rischio di ogni operazione di trading, quello complessivo di portafoglio e quello sistematico a cui si è esposti. E' utile perché da il via libera al trading una volta si è assicurato non ci siano rischi.

- **Operations:** Qui avvengono le operazioni di compravendita. In questo reparto gli impulsi ricevuti vengono trasformati in azioni e messi in atto; si svolge il vero lavoro.

- **Controllo di gestione:** Misura periodicamente i risultati al fine di migliorarli, e verifica tutte le operazioni che sono state svolte, individuando e correggendo possibili sbagli.

- **Reparto finanza:** In generale gestisce i soldi. Decide come smobilitarli dal conto corrente in entrata e in uscita, deve cercare i fondi necessari da usare per le varie operazioni e cerca anche nuovi finanziatori quando necessario.

- **Reparto societario e tributario:** Controlla la fiscalità nel suo insieme. Per esempio si occupa delle aliquote fiscali; e ha il compito, in modo legale, di farti spendere meno soldi possibili per le tasse. Pianifica e studia le soluzioni aziendali che più si addicono per lavorare in modo specialistico senza esporti a rischi folli, e senza dare allo Stato molti dei tuoi risparmi che hai ottenuto con tanta fatica.

E' necessario di tenere conto di tutti e 3 i pilastri perché se solo uno di questi risulta non abbastanza robusto si potrebbe andare incontro a gravi problemi.

I mercati dove investire

L'azienda di trading dovrà effettuare transizioni economiche con lo scopo di guadagnare un utile, e per fare ciò si avvarrà dei mercati finanziari.

Il mercato finanziario è un luogo in cui compratori e venditori si incontrano per trattare la domanda e l'offerta di un bene di natura finanziaria.

Possiamo trovare moltissimi mercati finanziari su cui è possibile fare trading online; vengono normalmente divisi in 4 macro-mercati:

1- Forex: In questo mercato, l'oggetto di scambio è il denaro; il mezzo per eccellenza per barattare ogni bene esistente. Su questo mercato si scambia, appunto, moneta sotto diverse valute mondiali. Acquistiamo un determinato tipo di denaro con la valuta di un paese, pagando con un tipo di moneta di un altro paese e quindi diverso; per questo motivo è il mercato più grande del mondo.

2- Commodity: In questo mercato si scambiano le materie prime che servono alle industrie per produrre beni, che usiamo in modo diretto. Essendo mercati finanziari, in realtà, quando compri, non porti a casa fisicamente il bene, ma si scambiano contratti che replicano il prezzo dei relativi beni fisici. L'importo di questi strumenti deriva dal valore di tali beni, che perciò si chiamano strumenti derivati.

3- Equity: In questo mercato si commerciano le quote del capitale di rischio, sostanzialmente si investe nell'impresa acquistando i suoi titoli azionari. Si compravendono sia singole azioni che gruppi di azioni.

4- Bond: è il mercato delle obbligazioni, rappresenta i tassi di interesse che vengono applicati ai prestiti che vengono concessi allo Stato e società private.

Il tasso di interesse va a formare il valore finale dell'obbligazione che viene venduta o acquistata; più il tasso è elevato, più il prezzo finale dell'obbligazione è basso. Più il tasso è basso, più il prezzo dell'obbligazione sarà elevato.

Su questo mercato fondi e banche sono i soggetti più importanti, tanto da essere un mercato in cui ogni giorno si scambiano miliardi di euro, soprattutto sulle obbligazioni governative, cioè titoli di Stato.

Un bravo trader è colui che arriva a specializzarsi su pochi mercati, riuscendo così a conoscerli a fondo per poter arrivare al successo.

Il bilancio della tua azienda di trading

Per essere un buon imprenditore e riuscire a tenere sotto controllo la tua azienda è necessario avere un bilancio che permette in ogni momento di controllare la tua attività. E' il documento più importante su cui vengono riportarti tutti gli avvenimenti e i risultati che l'azienda ha prodotto e da questo si vedono anche se ci sono state perdite o utili riuscendo anche a trarne la motivazione. Riusciamo a controllare le nostre spese e i nostri risparmi e soprattutto riusciamo a vedere l'andamento. E' formato da tre parti:

-Lo stato patrimoniale: È un documento in cui vengono registrate tutte le attività (beni che generano reddito) e le passività (capitale che versi per costituire l'azienda e quindi immobilizzi, e possibili debiti di diversa natura).

-Il conto economico: È un documento in cui vengono inseriti tutti i costi e i ricavi

-La nota integrativa: È un documento, dove annoti in modo periodico l'andamento della tua attività. Sarà necessario specificare se ci sono stati degli errori per causa di mancanza di esperienza; cosa è stato fatto nel modo corretto e cosa no, ecc…

Si dovrà anche redigere una sintesi del periodo per capire se è stato produttivo e quindi positivo, oppure no; se si è andati incontro a rischi eccessivi oppure no e soprattutto vedere se si è raggiunto l'obiettivo prestabilito. Una volta fatto questo quello che bisogna fare è capire dove bisogna migliorare e trovare di mezzi per farlo.

Il trading discrezionale

Il trading discrezionale è uno strumento che viene utilizzato per fare trading sul mercato del Forex; si fonda sull'analisi dei mercati finanziari.

Per lavorare con questo sistema è necessario avere una grande esperienza e un'ottima conoscenza del mercato del Forex; è una modalità che si fonda sulla maturità del trader che deve individuare quando aprire e chiudere un'operazione.

Quando parliamo di questo metodo s'intende l'attività di compravendita dei titoli, e degli strumenti finanziari con fini speculativi; il tutto è contrassegnato dalla mancanza di un modello determinato che indichi le scelte d'investimento. Il trader decide le proprie operazioni sulla base di idee e valutazioni proprie e/o sulla base dell'esperienza personale senza che queste scelte siano sostenute da un insieme di regole definite esplicitamente.

Questo modello non è adatto ai trader che sono agli inizi della loro carriera, perché nasconde delle problematiche e insidie non avendo indicazioni troppo specifiche.

Inoltre i sistemi che hanno funzionato in passato non è detto che funzionino anche in altre situazioni. Questo perché il mercato è in costante movimento; aggiornarli è essenziale se non si vuole restare indietro e rallentare i guadagni.

I sistemi d'azione del trading discrezionale rispecchiano le esperienze fatte dal trader lungo il suo percorso; proprio per questo sono molto personali.

Capitolo V

Il trading automatico

Il trading automatico è un modo di fare trading senza dover stare davanti al computer in cui si dovrà istruire un robot al quale insegnare esattamente cosa fare, e una volta fatto ciò, basterà premere sul bottone start e lui inizierà a svolgere il compito che gli abbiamo insegnato. In sostanza basta creare un programmino sul computer che si chiamerà "trading system", s'installerà sulla piattaforma di trading che abbiamo nel computer e attivando start inizierà ad analizzare i mercati e a svolgere operazioni finanziarie seguendo le nostre direttive.

La programmazione di un trading system è molto complicata; ha bisogno d'impegno, intelligenza, tempo, e molti controlli.

Individuiamo le motivazioni per cui il trading automatico è uno strumento che porta all'indipendenza finanziaria:

-Se programmato nel modo corretto può diventare una fonte di profitto; le entrate vanno considerate come se fossero un'entrata automatica; questo perché vengono prodotte dal sistema in modo autonomo.

-Produrre profitti con i programmi del trading online è un vero e proprio processo che comprende tre fasi; quella di programmazione, preparazione e quella operativa. L'ultima è gestita in modo indipendente dal software.

-Se tutto fila liscio, allora il trading automatico può generare entrate pari o superiori a quelle del sistema di trading tradizionale. L'investitore può ottenere profitti tali che gli permettano di sostenere uno stile di vita molto dignitoso.

- Per prima cosa bisogna scegliere il giusto strumento; cioè Expert Advisor, per lavorare al meglio. Tra i migliori e più conosciuti troviamo Evo Forex; è in grado di adattarsi senza problemi alle varie esigenze del trader, e ha anche un'ottima garanzia di sicurezza.

Creare un trading system (TS)

Devi partire da un'idea di trading e avremo una fase creativa e una fase descrittiva.

La fase creativa consiste nell'inventare la strategia in base alle nostre conoscenze, intuizioni, analisi statistiche e di mercato, un po' quello che facciamo quando elaboriamo la strategia di trading discrezionale.

La fase descrittiva è quella in cui scriviamo passo dopo passo la nostra idea di trading, come fosse un manuale, da tradurre in seguito in un codice.

Il codice è il linguaggio di programmazione, la lingua parlata e compresa dal nostro robot; in questo modo il programma riesce a eseguire i nostri comandi.

Sarebbe ideale conoscere bene il linguaggio di programmazione, ma oggi esistono anche appositi software che facilitano questa parte permettendoci di scrivere lunghi codici solo facendo due click col mouse e permettendo quindi di risparmiare molto tempo.

Una volta scritto il TS, verrà poi installato nella piattaforma di trading e faremo un primo controllo per verificare che non ci siano errori nel codice.

Andremo poi ad analizzare come la nostra strategia di trading si sarebbe comportata in passato. Questa fase si chiama Backtest; in base al risultato andremo a variare dei parametri in modo che sia più profittevole, più solida nel tempo e che quindi dia risultati migliori. Queste fasi successive si chiamano di ottimizzazione.

Quando saremo soddisfatti al 100% della nostra strategia la metteremo a lavorare sul mercato ma inizialmente in modalità demo. In questo modo non rischieremo denaro prima di esserci assicurati che tutto funzioni al meglio.

Trader algoritmico

Il Trader algoritmico è colui che fa trading automatico.

Il trading automatico lavora usando un sistema di calcolo che si fonda su un algoritmo. Parliamo quindi di un software che decide per noi le posizioni in quale mettersi, la quantità di soldi da investire, la direzione della tendenza e il piano strategico da attuare.

Questo tipo di trading presenta dei vantaggi; vediamo quali sono:

-Consente ai trader che sono all'inizio della loro carriera, e che quindi non hanno ancora alcun tipo di esperienza e conoscenza nel settore, di raggiungere guadagni considerevoli, e di essere sempre presenti sui mercati, giorno e notte; un servizio che nessun umano potrebbe fornire.

- Segue una strategia rigida, basata sull'analisi tecnica dei mercati, e non subisce né stress né emozioni che possono andare a causare degli errori.

- Può essere usato come supporto a un'analisi fatta dall'uomo del contesto di mercato, oppure da solo; nell'ultimo caso diventa un software di trading automatico. Si gestisce da solo; in base ai segnali che individua, fa gli ordini e gestisce la situazione.

Trading algoritmico: Svantaggi

Il trading algoritmico oltre che dei vantaggi prevede anche diversi svantaggi:

- Opera senza considerare il lato umano degli investitori, quindi le emozioni, i movimenti che possono scaturirne e gli avvenimenti principali.

- Quasi tutti i software hanno bisogno di una personalizzazione, che per essere fatta necessità di una buona conoscenza della tecnica informatica. Bisogna "plasmare" il sistema in base a ciò che ci serve.

Possiamo trovare anche software detti "chiavi in mano", il problema di questi è che sono a pagamento è molto dispendiosi.

- Il trading algoritmico se non si investe un capitale elevato non permette di ottenere dei risultati significativi, porta a risultati mediocri.

Lavorare come trader

Alla base di questo lavoro c'è il rischio, non sai mai quale sarà il tuo stipendio a fine mese; se avrai un utile o una perdite. Niente è certo e sicuro, parliamo di un business in cui la tensione è un elemento costante.

Le 5 variabili che influenzano il guadagno

Per poter calcolare in modo approssimativo quanto possiamo guadagnare dal nostro lavoro, dobbiamo tenere in considerazione i 5 parametri seguenti:

- **Esperienza.** Più hai esperienza e conoscenza dei mercati, e più possibilità hai di guadagnare. Se aggiungi anche uno studio approfondito il tuo potenziale di profitto crescerà sempre di più. È quindi fondamentale studiare sempre e seguire i mercati con assiduità. Col tempo diventerai sempre più abile, riuscirai ad eliminare tutti i piccoli errori che intralciano il tuo percorso.

L'esperienza può essere di due diverse tipologie:

- Di prima mano: È quella che accumuli in prima persona, inizialmente sarà limitata ma col passare del tempo diventerà sempre più ampia; fino a quando diventerai un esperto del settore.

- Di seconda mano: Questo genere di esperienza è forse considerata la migliore, è rappresentata dall'esperienza raccolta da altre persone che ti viene raccontata, e da cui puoi prendere spunto e esempio cercando di apprendere il più possibile e capire qual è il modo migliore di agire vedendo chi ci è già passato.

Se vogliamo quantificare il tempo necessario per diventare un esperto di trading, mercati finanziari e guadagni; possiamo dire che ci vorrebbero circa 20 o 30 anni di duro lavoro prima di raggiungere questo tipo di livello. Per apprendere tutte le varie tecniche rapidamente non c'è modo migliore che farlo grazie all'aiuto di trader più esperti di te. Così facendo in pochi mesi apprenderai quello che la maggior parte delle persone impara in anni di durissimo lavoro.

Per imparare al meglio è fondamentale ricorre a entrambi i tipi di esperienza; sia quella di prima che di seconda mano. Nel primo caso studiando singolarmente i mercati, e nel secondo cado leggendo libri sull'argomento, e incontrandosi regolarmente con altri trader leader nel settore.

- **Supporto.** Quando si pensa a un trader ci si immagina una persona solitaria che passa la giornata davanti a diversi computer o schermi, senza aver contatti con il mondo esterno.

Questa immagine è in alcuni casi veritiera, alcune persone preferiscono lavorare così; ma i leader del settore sono sempre in contatto con colleghi, si aiutano a vicenda, condividendo informazioni e consigli sulle trattative che hanno in corso. Il sostegno è fondamentale soprattutto quando sei agli inizi e non sai bene da che parte girarti o come iniziare a ottenere delle vere entrate.

Sono davvero pochi quelli che intraprendono questo percorso soli e arrivano a destinazione; per agire così devi avere una mente straordinaria e un quoziente intellettivo altissimo.

La maggior parte delle persone abbandona lungo il percorso perché non hanno l'aiuto di cui avrebbero bisogno, continuano a commettere errori perché non vogliono consigli da nessuno e alla fine si ritrovano senza niente tra le mani.

Il supporto in questo tipo di lavoro può arrivare da:

- Mentori che decidono di starti vicino, dandoti tutte le giuste indicazioni per raggiungere il successo.

- Colleghi che percorrono il viaggio insieme a te, capiscono i tuoi pensieri, le tue paure e i tuoi sogni e cercano di aiutarti come meglio possono. L'accoppiata perfetta di supporto è formata da mentore+ amici traders.

- Familiari e amici che credono in te, nelle tue potenzialità e nel tuo successo. A volte capita che un trader non abbia l'appoggio della tua famiglia, questo può creare problemi o tensioni.

Molte persone purtroppo non capiscono ancora l'attività lavorativa del trader; hanno ancora molti pregiudizi, pensano che non sia un lavoro vero e proprio perché è ancora poco conosciuto e da quello che si sente dire non è affidabile; anche se in realtà non è così.

- **Capitale.** La somma di denaro che hai a disposizione all'inizio del tuo percorso da trader, andrà ad influenzare parecchio la tua carriera. Più il capitale inziale sarà alto, più avrai la possibilità di rischiare e fare affari più grandi, di conseguenza avrai maggiori possibilità di guadagno. Questo è quanto.

Il rischio e la percentuale di guadagno vengono sempre indicati in termini percentuali e mai assoluti.

Col trading in un giorno hai la possibilità di guadagnare 50 €, con un investimento di 10000 €; in percentuale il guadagno corrisponde allo 0,5%. Diverse banche ti permettono di guadagnare una cifra del genere dopo un anno che hai depositato l'investimento. Questo ti fa capire quanto il trading possa essere redditizio.

- **Rischio.** Il rischio è alla base del trading; è un indicatore molto importante, può portare a un grande guadagno, ma anche a una grande perdita; che potrebbe causare il fallimento del tuo business.

È da considerare che più il rischio che assumi è elevato, e più avrai la possibilità di guadagnare. Non sempre si vince però; nel caso in cui le cose andassero male dovrai affrontare delle grandi perdite finanziarie.

La scelta migliore è quindi rischiare poco, agire con coscienza e furbizia. Il profitto a cui ambisci non deve riguardare solo l'operazione corrente ma tutto l'insieme delle attività che nell'insieme di porteranno ad avere entrate notevoli.

È inutile e da incoscienti rischiare puntando troppo su ogni singola operazione. Il tuo percorso sarà formato da moltissime azioni, devi chiaramente preventivare che nel totale ci saranno anche delle perdite; non si può sempre vincere. Purtroppo non abbiamo la sfera magica per sapere in anticipo quali saranno operazioni perdenti; l'unica soluzione per tutelarsi è rischiare una piccola parte del tuo capitale.

Non esiste la "giocata" che ti cambia la vita per sempre in meglio; ma può capitare quella che distrugge la tua attività e le tue finanze per sempre; devi fare molta attenzione. È quindi sempre meglio fare piccole giocate che col tempo porteranno a un grande risultato piuttosto che rischiare troppo in una volta sola. Considera ogni operazione come una piccola goccia che ti porterà a fine anno a riempire il bicchiere.

In generale si consiglia di rischiare poco, ma questo poco non è quantificabile in maniera assoluta; dipende molto dai fondi che ogni trader ha a disposizione, in base a quello ce ne saranno alcuni disposti a rischiare di più e altri disposti a rischiare di meno. Non abbiamo quindi un parametro valido per tutti i trader, c'è chi può investire serenamente il 5% , chi massimo il 2% e chi lo 0,3%; è tutto molto relativo.

L'unica regola generale, è quella di fare attenzione e impegnarsi al massimo per non uscire dal mercato e ritrovarsi finanziariamente distrutto.

- **Frequenza.** Rappresenta il numero di operazioni che il trader è in grado di portare a compimento in un determinato arco di tempo; per esempio 1 anno o 6 mesi.

La frequenza di azione cambia in base all'arco temporale in cui si decide di lavorare o da quanto tempo si decide di dedicare al lavoro; questo può essere più o meno ampio.

Per esempio, se in ogni operazione guadagni il 3% del capitale investito il risultato se porti a termine 10 operazioni in un mese, sarà ben diverso rispetto a se porti a termine 50 operazioni nello stesso arco di tempo. Dipende tutto da come decidi di gestire le operazioni e le tempistiche.

È difficile capire quanto ogni persona può guadagnare da questa attività, questo perché ognuno è unico; si differenzia per esperienza, capitale investito, rischio che è disposto a sopportare, la frequenza di azione ecc…

Il cambiare di una sola di queste variabile porta alla modifica del risultato finale.

Capitolo VI

Le insidie del trading

Il trading è un'attività affascinante, altamente redditizia, difficile e poco conosciuta.

Le diverse pubblicità che propone il web sull'argomento sono accattivanti, e promettono possibilità di guadagni esorbitanti; è quindi facile farsi stregare da questo mondo circondato quasi da un alone di mistero.

La domanda che sorge spontanea è perché, se si tratta di un'attività lavorativa come un'altra, sia così tanto sponsorizzato e pubblicizzato come qualcosa di straordinario; e invece per altre professioni non ci sia assolutamente propaganda.

Questo dovrebbe mettere subito in allarme, cosa differenzia il trading da un qualsiasi altro tipo di lavoro? La risposta è semplice: Il rischio.

Evitare le trappole

Il trading online, come ogni altra attività lavorativa, ha bisogno di tempo per essere svolto nel migliore dei modi, oltre al lavoro in se si trascorrono molte ore a studiare e aggiornarsi.

Per addentrarsi in questo settore, è necessaria una somma di denaro da investire nell'attività. Questo capitale sarà poi da gestire per ottenere un profitto.

La prima cosa da considerare è che il trading online è complicato, sia da un punto di vista tecnico ma soprattutto psicologico; non tutti sono portati per questa tipologia di lavoro. Bisogna avere un carattere forte, nervi saldi e sangue freddo; un grande autocontrollo è essenziale per riuscire sempre a ragionare a mente lucida.

O si è portati o non si è portati per questo lavoro; non ci sono vie di mezzo; se ti rendi conto che è qualcosa che non fa per te tirati subito indietro prima di avere grandi perdite in termini economici.

Alcune persone pensano che il mercato sia manovrato e che le banche controllino le varie operazioni, può essere vero, come può non esserlo. Quello che conta davvero sei tu e le tue abilità nel non perdere soldi nel mercato.

L'ambiente del trading è ricco di criminali che promettono grandi numeri, fanno grandi promesse e invece il loro unico scopo è truffarti anche per poche centinaia di euro.

Ciò che possono arrivare a fare è rubarti tutti i tuoi risparmi che hai guadagnato con grande fatica e toglierli la fiducia negli altri veri professionisti dell'ambiente.

Gira alla larga da chi ti chiama o scrive promettendoti grandi risultati immediati, con guadagni a 5 zeri e vantaggi a non finire.

Purtroppo è pieno di soggetti di questo tipo, è necessario andare sempre con i piedi di piombo e stare attenti a segnali non chiari e a promesse folli.

Gestire il rischio

Per poter iniziare a lavorare come trader, bisogna avere a disposizione un capitale di almeno 10.000 €.

Facciamo un esempio:

i mercati finanziari operano dal lunedì al venerdì nell'arco di tutto l'anno per un totale approssimativo di 200 giorni lavorativi (giorni in cui si può operare nel trading online).

Inizialmente il capitale a disposizione dell'investitore è pari a 10000 €; il primo giorno come trader perde 50 €. Può sembrare una piccola perdita, quasi insignificante; essendo agli inizi ci può stare, tutti commettono errori, siamo umani fa parte della nostra natura. Questo ragionamento fila liscio; ma facciamo due calcoli.

Su un capitale di 10000 €, 50 € incidono su base giornaliera per lo 0,50%.

Lo 0,50% x 200 giorni di operatività matura un interesse del 100%.

Parlando in termini reali chi sarebbe il pazzo che sottoscriverebbe un prestito con interessi al 100% in banca? Penso nessuno. Questo ci fa capire che quella che può sembrare un'innocua perdita di soli 50, è in effetti un danno enorme se guardiamo il quadro generale su base annua.

Che rendimenti aspettarsi

È importante pianificare ogni azione per evitare gravi perdite.

Inizia stabilendo un obiettivo da raggiungere in un anno, e suddividi il lavoro su base giornaliera, in modo tale da essere sicuro di gestire al meglio il capitale e il tempo a disposizione. Bisogna essere in grado di individuare la grandezza dell'operazione da svolgere.

In questa occupazione niente è certo, niente è infallibile, il rischio e gli imprevisti sono sempre dietro l'angolo. L'unico che può fare la differenza sei solo tu e nessun altro, devi credere fortemente in te stesso e nelle tue capacità.

Quanto tempo ci vuole per imparare a fare trading?

Il trading è attualmente una delle poche attività lavorative che può assicurare ricchezza, libertà finanziaria e personale.

Però per far si che ciò avvenga è necessario avere una visione e un piano; come in qualsiasi altra professione non esistono scorciatoie per il successo. Questo settore, dato che tratta soldi, è ricco di insidie che bisogna saper riconoscere ed evitare, infatti non bisogna basare le proprie decisioni sull'avidità, ma è necessario decidere sempre in maniera lucida valutando le potenziali opportunità.

Segui un percorso graduale e duraturo che ti faccia apprendere passo dopo passo, facendo molta pratica sul campo. Il tempo necessario per imparare dipenderà molto da alcune caratteristiche personali.

Ecco i fattori che determinano il tempo che serve per imparare a fare trading:

- Età cerebrale. L'età è importante ma in fin dei conti è solo un numero. Qui facciamo riferimento all'età mentale di una persona. Ci sono ragazzi di 20 anni che al posto che essere pieni di vita, pronti a mettersi in gioco, a rischiare e a fare nuove esperienze; si comportano come dei vecchi pensionati. Per loro non ci sarà mai speranza di cambiare e iniziare a fare trading, è qualcosa che va contro la loro natura. Significherebbe mettersi troppo in gioco e cambiare radicalmente il loro modo di essere. Questo non è fattibile, per certe cose, come il trading; o se portato o non lo sei. Per loro non c'è sbocco in questo campo.

Ci sono poi invece persone anche di una certa età, che dentro sono ancora giovanissime, cercano ovunque nuove opportunità e nuovi stimoli per crescere e imparare cose nuove sia a livello personale che finanziario. Per questo tipo di persone imparare a fare trading è come un gioco, una sfida che sono determinati a portare a termine; hanno del potenziale e lo devono incanalare nei modi più corretti. Il trading online è uno di questi. Hanno tutte le carte in regola per raggiungere il successo e migliorare notevolmente la loro situazione economica, e di conseguenza il loro stile di vita.

In breve, l'età fisica non è altro che un numero; quella che conta davvero è quella celebrale.

- Costanza. È la qualità che ci serve per portare a termine il nostro progetto e raggiungere i traguardi prestabiliti. Ci vuole tempo per arrivare a destinazione e spesso lungo la strada ci possono essere dei momenti no, è proprio li che devi tenere duro e andare avanti, un passo alla volta, senza mollare mai. Ognuno ha la sua vita, i suoi impegni; non tutti possono permettersi di dedicare tutto il loro tempo al trading, molti fanno anche altri lavori, e giustamente devono ricavare una nicchia del loro tempo anche per gli amici e la famiglia.

Può succedere di mettere un po' da parte lo studio per via dei mille impegni; la cosa fondamentale è cercare di lavorare poco tutti i giorni, anche nei weekend se si riesci in modo tale da non perdere mai il ritmo. Iniziare da capo dopo una pausa sarebbe difficilissimo ed è quindi fortemente sconsigliato. Bastano 30 minuti al giorno per non perdere la dimestichezza con i mercati. Dopo poco diventerà automatico farlo tutti i giorni, sarà strano non farlo. Anche se pochi minuti al giorno possono sembrare inutili in realtà alla fine ti porteranno ad avere conoscenze ampie e consolidate.

- **Tempo di studio.** Il tempo è una variabile importantissima; più ci si applica e meglio è. Il processo di apprendimento richiede molto tempo, non è fattibile diventare trader in pochi giorni o peggio ancora una notta; scordatevelo. Anche quando pensi di sapere tutto c'è sempre qualcosa di nuovo, è un mercato in continua evoluzione; più concentrazione dedichi allo studio e più cose apprenderai in meno tempo. Otterrai risultati buoni e rapidi.

- Capacità di imparare dai propri errori.
Questa attitudine è importante quando si impara qualcosa di nuovo; spesso si va a tentativi, se commetti un errore prendilo come una lezione e non commetterlo più.

Operare sui mercati implica un resoconto continuo da parte degli stessi, tieni gli occhi ben aperti per valutare al meglio la situazione e capire che direzione prendere. I feedback ti faranno capire se quello che stai facendo va bene, oppure se devi modificare qualcosa per migliorare la situazione.

Per poter seguire questo processo devi partire dal presupposto che sei umano, e che di conseguenza commetterai sicuramente errori. Non c'è nulla di male, fa parte della nostra natura; quello che conta è saper rendere utili gli sbagli commessi.

Se non si impara agli errori è solo tempo sprecato; perdi soldi e fiducia in te stesso.

- **Persistenza.** È importantissima, ti permette di andare avanti per la tua strada anche quando le cose non vanno per il verso giusto e i risultati tardano ad arrivare. Grazie ad essa riesci a non abbatterti, anche se è difficile, combatti ogni giorno, perché hai ben chiaro il tuo obiettivo: essere il migliore trai i trader. La persistenza ti porta a continuare il percorso sempre anche nei momenti peggiori, quando non arrivano i risultati, quando ti senti solo e non vedi via d'uscita. Devi fare un bel respiro e ritornare in carreggiata, allontana i pensieri negativi e concentrati sulla positività. Ricorda perché hai iniziato questo percorso, pensa al tuo obiettivo e vai avanti a testa alta.

Torniamo alla nostra domanda iniziale; quanto tempo ci vuole per diventare un trader professionista?

La risposta non può essere uguale per tutti; dipende molto dalle variabili sopra citate. Più siamo efficienti e studiosi e meno tempo ci vorrà per raggiungere una conoscenza approfondita.

Puoi essere la persona più intelligente del mondo, ma se non ti applichi, studi cose che non servono e nell'ordine errato, otterrai dei risultati solo con grandissima difficoltà.

In modo concreto per diventare trader serve intraprendere uno studio e esercitazione pratica della durata di almeno 1 anno. In generale questo è un tempo adeguato per apprendere il mestiere, ma dipende sempre dalle capacità, l'impegno e dal tempo che una persona ci dedica.

Capitolo VII

Il piano per la libertà finanziaria con il trading

Quando usiamo il termine libertà finanziaria facciamo riferimento alla possibilità di guadagnare senza dover lavorare molte ore al giorno, o lavorando solo per pochissimo tempo.

Il soggetto crea un sistema molto efficace; se per un anno decidesse di non lavorare più, di mollare tutto continuerebbe in ogni caso a percepire delle entrate senza dover fare assolutamente niente.

Tra questo e l'essere ricchi c'è un grande divario.

Essere ricchi significa avere moltissimi soldi che ti permettono di comprare qualsiasi cosa vuoi, quando vuoi. Per arrivare a questo livello è necessaria la tua presenza sul lavoro; una presenza continua e costante. Più tempo ci dedicherai e più le entrate aumenteranno.

Per esempio un trader che lavora 2 ore al giorno e guadagna bene è libero finanziariamente solo in parte. Per libertà finanziaria assoluta, il soggetto non deve fare assolutamente niente; se non creare inizialmente un sistema che poi sia in grado di generare entrate costanti senza il suo intervento.

In ogni caso il trading offre un buon livello di indipendenza finanziaria, può scegliere quando e quanto lavorare; se vuole prendersi una vacanza può farlo senza rendere conto a nessuno. Ci sono alcuni trader che passano tutta la giornata a lavorare e si, sono ricchi, ma non sono liberi. Ricordiamoci sempre che la libertà è l'elemento fondamentale per vivere una vita serena.

Il trader che lavoro poco, circa 3/4 ore al giorno e che cerca opportunità di investire a lungo termine e che nel mentre si può impegnare in altri lavori/attività, è la figura che più si avvicina al concetto di libertà finanziaria in questo ambito. Ha comunque tempo per avere una vita privata, per seguire le sue passioni, i suoi sogni e per studiare argomenti che lo incuriosiscono particolarmente.

Conclusioni

La prima cosa da fare per raggiungere la tanto sognata libertà finanziaria è cambiare l'atteggiamento mentale.

Per arrivare ad ottenere l'indipendenza finanziaria è utile cambiare atteggiamento a livello mentale, bisogna smettere di pensare al guadagno come qualcosa che si ottiene lavorando un tot prestabilito di ore. Oggi ci sono molte nuove possibilità lavorative differenti e innovative che permettono di ottenere quello che è il sogno di tutti; ovvero la libertà.

La cosa da fare è buttarsi, non avere paura, provaci; e se poi vedi che non fa per te prova con qualcos'altro.

Anche se hai un lavoro a tempo pieno che ti occupa la maggior parte della giornata, trova anche solo pochi minuti da dedicare al tuo nuovo progetto di business. La cosa difficile è iniziare; una volta che ingrani non ti fermi più e tutto risulta naturale. Ti ritroverai un giorno ad avere un ampio pacchetto di conoscenza, quasi senza rendertene conto.

È importante sapere anche gestire i guadagni e le spese. Le entrate devono sempre essere superiori alle uscite; in caso contrario c'è da preoccuparsi. Si rischia un crollo finanziario.

Risparmiare è utile per avere abbastanza disponibilità economica per investire in nuovi progetti.

Studia educazione finanziaria, ti tornerà utile per capire meglio come gestire le tue operazioni, gli investimenti e i rischi.

Per non rischiare troppo differenzia i tuoi guadagni; fai anche un altro lavoro che ti dia maggiore stabilità se lo ritieni opportuno.

Aprire la mente e sperimentare nuove forme di guadagno porta a una radicale modifica della tua mente. Ti fa aprire gli occhi verso un mondo di nuove possibilità.

Importantissimo è non buttarsi giù se le cose non vanno come previsto o ci mettono più tempo di quanto avevi programmato. Impara ad incassare il colpo e a rialzarti sempre più forte di prima.

Persevera nel raggiungimento del tuo traguardo e vedrai che alla fine i risultati arriveranno.

È vero che bisogna basarsi sulle regole fondamentali per costruire la propria attività di trading professionale, ed è altrettanto importante la parte operativa; ma questo percorso non deve essere uguale per tutti. Ognuno è unico è deve capire qual è il modus operandi che gli si addice maggiormente.

I mercati sono dinamici e cambiano continuamente il loro comportamento, in questo modo anche le strategie devono adattarsi perché quelle che erano efficaci anni fa ora non lo sono più, e devono essere aggiornate alle nuove condizioni. Soprattutto la strategia operativa deve essere in sintonia con il trader e la sua personalità, in modo tale che possa utilizzare al meglio la propria intelligenza.

Possiamo dire quindi che è essenziale apprendere i principi fondamentali e adattarli al tipo di business che si vuole fare seguendo questa filosofia:

"Dai un pesce a un uomo e lo nutrirai per un giorno. Insegnali a pescare e lo nutrirai per tutta la vita."

www.ingramcontent.com/pod-product-compliance
Lightning Source LLC
Chambersburg PA
CBHW031924170526
45157CB00008B/3044